Gott hat sein letztes,
sein tiefstes,
sein schönstes Wort
im Fleisch gewordenen Wort
in unsere Welt hineingesagt.
Und dieses Wort heißt:
Ich liebe dich,
du Welt,
du Mensch.

Ich bin da:
Ich bin bei dir.
Ich bin dein Leben.
Ich bin deine Zeit.
Ich weine deine Tränen.
Ich bin deine Freude.
Fürchte dich nicht!
Wo du nicht mehr weiter weißt,
bin ich bei dir.
Ich bin in deiner Angst,
denn ich habe sie mitgelitten.
Ich bin in deiner Not
Und in deinem Tod,
denn heute begann ich mit dir
zu leben und zu sterben.
Ich bin in deinem Leben,
und ich verspreche dir:
Dein Ziel heißt Leben.
Es ist Weihnacht.
Die bleibt in Ewigkeit.
Auch für dich geht das Tor auf.

Meinen Eltern,
die mich das Vaterunser lehrten
und durch ihr Leben die menschliche Grundlage legten,
dass ihre Kinder und Enkel an den Gott der Liebe glauben können.

Reinhard Körner

Abba, du wunderbarer Gott

*Fotos und Meditationen
zum Vaterunser*

benno

Das Gebet Jesu – das Leitgebet der Christen

Kein Gebet ist so bekannt wie das VATERUNSER. Übersetzt in mehr als eintausend-zweihundert Sprachen, beten es rund um den Erdball alle christlichen Kirchen. Generationen haben mit diesen Worten Jesu gelebt, sie in Freud und Leid mit tiefer Andacht gesprochen, feierlich im Gottesdienst gesungen und sicherlich – nicht anders als ich – oftmals nur gedankenlos dahergesagt.

Die Bibel überliefert das UNSER-VATER-GEBET in zwei Fassungen. Sie sind miteinander nicht identisch. Auch unterscheiden sich beide nicht unerheblich von dem uns vertrauten Wortlaut. Die eine Fassung steht im Matthäusevangelium (6,9-13), die zweite im Evangelium nach Lukas (11,2-4). Ich gebe sie hier so wortgetreu wie möglich aus dem neutestamentlichen Urtext wieder:

Unser Vater, der in den Himmeln, es werde geheiligt dein Name!

Vater, es werde geheiligt dein Name!

Es komme dein Königtum, es geschehe dein Wille wie im Himmel so auf Erden.

Es komme dein Königtum.

Unser Brot, das notwendige / das übernatürliche, gib uns heute.

Unser Brot, das notwendige / das übernatürliche, gib uns täglich.

Und erlass uns unsere Schulden, wie auch wir sie unseren Schuldnern erlassen haben.

Und erlass uns unsere Sünden, denn auch wir erlassen jedem, was er uns schuldet.

Und lass uns nicht in Versuchung geraten, sondern rette uns aus dem Bösen!

Und lass uns nicht in Versuchung geraten!

Die ersten, die das VATERUNSER beteten, waren, wie Jesus selbst, aramäisch-sprachige Juden: Frauen, Männer und Kinder, die mit ihrem Lehrer durch die Dörfer und Städte Israels zogen. Matthäus und Lukas gehörten schon zur zweiten Christen-Generation, sie lebten in weit voneinander entfernten, griechisch-sprechenden Gemeinden des östlichen Mittelmeerraumes. Jeder der beiden schrieb das Gebet Jesu so auf, wie es damals in seiner Gemeinde gebetet wurde. Die Unterschiede lassen darauf schließen, dass Jesus nicht einen förmlich-genau zu rezitierenden Text gelehrt, sondern seinen Zuhörern ein Leit- und Mustergebet vorgesprochen hatte, das erweitert und für die jeweilige Lebenssituation »zurechtgebetet« werden konnte.

Unserem heutigen Text liegt eine lateinische Version, das PATERNOSTER, zugrunde. Sie entstand, nachdem sich das Christentum auch über den westlichen Mittelmeerraum ausgebreitet hatte, und ist eine Zusammenfassung der beiden biblischen Varianten. In dieser Gestalt, seit dem 9. Jahrhundert übersetzt in immer mehr Volkssprachen, wurde das Gebet Jesu zum Hauptgebet der Christenheit. Wohl zu keinem anderen religiösen Text sind im Laufe der Geschichte so viele Erklärungen geschrieben worden. Allein die Auflistung der Literatur, von den Kirchenvätern (3.-6. Jh.) über Martin Luther und Teresa von Ávila (16. Jh.) bis zu Reinhold Schneider oder Romano Guardini (20. Jh.), füllt ein dickes Buch.

In den letzten fünfzig Jahren konnten Theologen und Sprachanalytiker auch dem ursprünglichen Sinn der einzelnen Verse gründlich nachgehen; zu ihnen gehörte mein Erfurter Lehrer, der Neutestamentler Heinz Schürmann (gest. 1999). Einige wertvolle Erkenntnisse, die ich ihm und vielen anderen Fachleuten der Bibelwissenschaft verdanke, werde ich meinen Meditationen voranstellen. Aus der Erfahrung in der Exerzitienarbeit weiß ich, wie aufschlussreich sie für uns Christen, gleich welcher Konfession, heute sein können. Sie haben auch mir geholfen, das Gebet Jesu, das ich im Kloster täglich mehrmals spreche, tiefer zu verstehen und bewusster zu beten.

Als im 9. Jh. die Mönche von
St. Gallen (Schweiz) das
PATERNOSTER ins
Alemannische übertrugen,
folgten sie in ihrer Überset-
zung genau der lateinischen
Wortstellung. Noch heute
beten daher einige
Konfessionen im deutschen
Sprachraum: »Vater unser ...«.
Andere sprechen inzwischen
lieber vom UNSER VATER.
Doch wie auch immer wir es
nennen: Das Gebet Jesu er-
schließt sich nur dem, der
sich Zeit und Muße nimmt,
den Worten auf den Grund zu
gehen. Es will durchdacht und
meditiert werden. Erst dann
wird es im Herzen des Beters
Gebet sein. Nikolaus von Flüe
zum Beispiel (gest. 1497), der
Nationalheilige der Schweiz,
hat sich, während er zu Fuß
zum Kloster Einsiedeln
wallfahrtete, zu einem
einzigen VATERUNSER vier
Tage Zeit genommen.
Und die spanische Karmelitin
Teresa von Ávila (gest. 1582),
der die Autorität einer
Kirchenlehrerin zuerkannt
wurde, gab ihren
Schwestern diesen Rat:

Meditierend beten

»Gut ist es, sich vor Augen zu halten,
dass jede(r) Einzelne das Vaterunser
von Jesus lernt, dass er selbst
uns darin unterweist ...
Auch wenn wir in einer Stunde
nicht mehr als
ein einziges Vaterunser beten,
so genügt ihm das
– wenn wir nur daran denken,
dass wir bei ihm sind, und
die Worte, die wir sprechen,
auch verstehen.
Wenn wir nur wüssten,
wie gern er uns beschenkt und
welche Freude es ihm bereitet,
bei uns zu sein!
Er will nicht, dass wir
mit dauerndem Reden
unseren Geist ermüden.
Möge der Herr euch
in diese Art zu beten
einführen,
soweit ihr sie noch nicht kennt!«

Teresa von Ávila

»Vater«, betet Jesus. Von Paulus (Röm 8,15 / Gal 4,6) und Markus (14,36) wissen wir, dass er sogar »Abba« sagte. Das war neu in Israel. Ganz neu. So sprach man mit dem Vater in der Familie, aber doch nicht mit Gott! »Abba – lieber Vater, du«: das war die Revolution im Gottesbild! Vorbei der Gott mit zwei Seiten, einer gütigen und einer bedrohlichen! Entlarvt der Mensch, der sich Gott nach dem Bild seines eigenen, zwiespältigen Herzens schafft! »Gott ist die Liebe« (1 Joh 4,8), und angstmachende Dunkelheit ist nicht in ihm. In den Worten »der in den Himmeln« verrät sich die Handschrift des Matthäus. Die aus dem Judentum stammenden Christen seiner Gemeinde liebten diesen Zusatz. Sie kannten das Wort Davids: »Siehe, selbst der Himmel und die Himmel der Himmel fassen dich nicht« (1 Kön 8,27). »Vater, du in den Himmeln« – das bedeutete für sie: du, der du allgegenwärtig und auch uns ganz nahe bist ...

Vater unser im Himmel ...

Gott, du allgegenwärtige, liebende Präsenz
in den unendlichen Weiten des Universums,
in den nicht mehr vorstellbaren Multiversen
deiner Schöpfung – und mir ganz nahe,
um mich herum und in mir ...
Unser Gott, nicht mein Gott nur, du Gott
der tausend Namen, die je Menschen dir gaben!
»Vater« nennt dich Jesus, spricht dich an
mit dem seltenen, schönsten Gottesnamen im
jüdischen Glauben,
überbietet ihn zum »Abba« noch,
nimmt zum Bild für dich eine Sehnsuchtsgestalt
des Herzens, der niemand entsprechen kann –
und weiß doch, dass sie noch immer zu klein ist
für dich, du väterlich-mütterlich liebender Gott,
so ganz anders
als alle Vaterfiguren und Muttertypen
in Familie, Gesellschaft und Kirche.
Keinen, sagt er, sollen wir »Vater« nennen,
denn Vater und Mutter bist nur du.
Aufrecht zu gehen lehrst du mich,
bist stolz auf mich, deinen Sohn.
Und alle Menschen dieser Erde, deine Töchter
und Söhne, stehen in Würde neben mir.
Abba, du denkbar größte Herausforderung
meines Lebens, seit mir dein einzigartiger Sohn
die Augen öffnete für dich ...

Formelhaft klingen die folgenden Worte. Schon die Theologen im 3. Jahrhundert wussten sie nicht recht zu deuten. Sie sprachen von den »sieben Vaterunser-Bitten« und reihten auch diesen Vers darunter ein. Die späteren Generationen folgten ihrer Auslegung und verstanden ihn als die Bitte, Gott möge doch bewirken, dass sein Name verehrt werde und das Aussprechen seines Namens uns heilig mache.

Eine genaue Textanalyse, wie sie erst in den letzten Jahrzehnten möglich wurde, führte auf eine tiefgründigere Spur: »Es werde geheiligt dein Name« bedeutet in der Sprache Jesu: »Heilig mögst du sein!« Die grammatikalische Form drückt einen *Wunsch* aus, nicht eine Bitte. Jesus blickt, wenn er betet, auf Gott zuerst und wünscht *ihm*, dass er heil, heilig, groß und herrlich sei.

Er betet zu Gott für Gott. Und obwohl Gott das alles schon ist – Geringeres kann Jesus seinem Abba nicht wünschen!

... geheiligt werde dein Name

Du, Gott,
herrlich, großartig bist du!
Das Wissen um dich,
den Abba-Gott bedingungsloser Liebe,
das tiefinnerliche Glücklichsein an dir
– das wohl ist das »religiöse Grundgefühl«
im Herzen Jesu.
Und wie kann er anders,
als an dich zuerst zu denken,
wenn er betet, dir zu wünschen,
dass du sein mögst, was du immer schon bist:
heil in deiner Klarheit, frei in deiner Weite,
groß und reich in deiner Schöpferfreude,
heilig im Geheimnis deiner Schönheit, selig in deiner
von keinem Nein gedämpften Liebe,
glücklich mit allen, die bei dir sind ...
Ganz Gott sollst du sein, du wunderbarer Gott!
So lehrt er auch mich beten, dein Jesus.
So lehrt er mich sein vor dir:
nicht Bittsteller nur in den Nöten des Lebens,
nicht Bettler um Gnaden,
– ein Mensch von Würde, gotterfüllt,
fähig zur Beziehung, die dich sucht,
nicht etwas von dir ...
Mögst du glücklich sein, Gott,
immer mehr auch an mir ...

Die Rede vom »Reich Gottes«
war zur Zeit Jesu in aller
Munde. Viele verstanden darunter ein von der römischen
Fremdherrschaft befreites
Israel, andere den religiös-
sittlichen Neuanfang nach
einem göttlichen Zorngericht.
Jesus gibt diesem Wort einen
anderen Sinn.
Er sagt seinem Volk:
Ihr lebt schon im »Königreich
Gottes« – eines Gottes,
der im Geist der Liebe
die Welt regiert.
Dass dieser Geist immer mehr
zum Zuge komme, ist das
große Gebetsanliegen Jesu –
ein Herzenswunsch, nicht
eine Bitte; er gilt Gott und den
Menschen gleichermaßen.
Jesus spricht ihn in der
Gewissheit aus, dass dieses
»Reich« in Gottes Ewigkeit
in vollendeter Gestalt
gekommen sein wird.
Die Matthäus-Gemeinde fügt
zur Verdeutlichung hinzu:
»Es geschehe dein Wille ...«.
Das heißt: Wie du, Abba, im
Himmel denkst und handelst,
so sei doch auch unser Tun
und Denken jetzt
auf Erden schon.

Dein Reich komme, dein Wille geschehe wie im Himmel so auf Erden

Was wünschen wir uns alles
für unser Leben, für die Kirche, für die Welt ...
Dein Jesus, Gott, geht aufs Ganze!
Nicht dies und das will er erbitten durch Gebet.
Er macht sein Herzensanliegen zum Thema und
weiß sich darin mit keinem so eins wie mit dir:
dass uns die Augen aufgehen für dich,
dass uns die Seele gereinigt werde
von ihrer Zwiespältigkeit und wir nicht in dich
unser Schwarz-Weiß-Denken hineinprojizieren,
dass wir groß und immer größer denken von dir,
du wunderbarer Gott, der »seine Sonne
aufgehen lässt über Gute und Böse und regnen lässt
über Gerechte und Ungerechte« (Mt 5,45),
du Abba-Gott unbestechlicher Klarsicht und
doch so ganz und gar bedingungsloser Liebe!
Und dass deine Haltung zu unserer wird,
das ersehnt er: dass erwache in uns,
was du schon hineingelegt hast in jeden Menschen.
Dass dein Reich erstehe
in unserer geschundenen Welt,
nicht das Reich der Ideologien, der Gewalt,
des Moralisierens und der Unheilsprophetien ...
Dass jetzt schon Wirklichkeit werde,
was durch dich einmal sein wird für immer!

Brot war das Hauptnahrungs-
mittel im Land der Juden und
der ersten Christen. Es geht
nun also um das, was der
Mensch dringend braucht –
und nicht selbstverständlich
an jedem Tag hat. Jesus
nimmt diese Sorge in sein
Gebet auf. Um Brot für heute,
so Matthäus, betet er, nun
wirklich in Form einer Bitte.
In »gib uns täglich« hat sie
sich die Lukas-Gemeinde
umformuliert.
Unserem heutigen Text fehlt
ein entscheidendes Wort, das
Lukas und Matthäus gleich-
lautend überliefern. Schon im
3. Jh. wusste es niemand
mehr zu übersetzen. Erst die
wissenschaftliche Forschung
konnte seinen Sinn entschlüs-
seln: Es hat zwei Bedeu-
tungen zugleich und meint
»das notwendige« und »das
übernatürliche« Brot. Jesus
bat also den Abba, nur so viel
Brot zu geben, wie dringend
nötig ist, und nicht nur um
Brot für den Magen lehrte er
bitten, sondern auch um das
»übernatürliche« Brot für die
Seele.

Unser tägliches Brot gib uns heute

Abba, Vater, du weißt, was wir brauchen:
die tägliche Nahrung, einen Arbeitsplatz,
eine Wohnung, das nötige Geld ...
Du weißt das, noch bevor wir
dich bitten, sagt Jesus,
und so bitte ich, der gut Versorgte,
dich lieber wie er: Gib uns das Notwendige nur,
nur immer so viel,
dass es uns nicht in den Kopf steigt!
Und wenn du uns reichlich gibst,
dann gib uns dazu deinen Geist,
den Geist der Sorge füreinander.
Auch um das Brot, das mehr ist als Brot,
bitte ich dich für uns alle:
um die Wahrheitserkenntnis,
die heilsam meine Kreise stört,
um das Frische und Nahrhafte hinter
den alten Worten der Bibel,
um deine göttliche Weisheit
in den Weisheiten der Völker und Kulturen ...
Und um das Brot-Sakrament, deinen Jesus.
– Gib uns dich, du wunderbarer Gott!
Und davon, zum Teilen,
noch »zwölf Körbe voll«!

Klare Worte, einsichtig auch im zweiten Teil: Ich kann nicht um Vergebung bitten, wenn ich nicht wenigstens den Willen habe, anderen zu vergeben. Doch bei Matthäus ist nicht von Schuld, sondern von Schulden die Rede, nicht von Vergeben, sondern von Erlassen. Auch im Lukas-Text ist dieser ursprüngliche Wortlaut noch zu erkennen: aus »Schulden« sind erst später »Sünden« geworden. Wer so betet, weiß: Was Gott uns gegeben hat, können wir nie und nimmer zurückzahlen. Wir haben Schulden bei Gott, Liebesschulden ... Wie im Deutschen, klang im Aramäischen und Griechischen in »Schulden« die »Schuld« mit an. Die Beter konnten den Vers auch so verstehen: Abba, lass unsere Schuld uns ab, wie auch wir sie einander ablassen. – Wer sich bewusst wird, wie viel er Gott verdankt, wird erkennen können, dass er nicht nur Schulden, sondern auch Schuld vor ihm hat.

Und vergib uns unsre Schuld, wie auch wir vergeben unsern Schuldigern

Manchmal stehe ich da vor dir,
du großes Geheimnis,
Abba, du,
staunend, dass ich bin,
dass überhaupt etwas ist und nicht nichts ...
und mir ist klar in solchen Momenten:
alles ist Geschenk,
nichts ist selbstverständlich, nichts ist verdient,
mein Dasein nicht, meine Freunde nicht,
nicht mein Wissen, meine Begabungen, nichts.
»Erlass uns unsere Schulden«?
Nie
werd' ich schuldenfrei sein bei dir, Abba, du ...
Nie
werd' ich schuldenfrei sein bei euch, Freunde,
– Und was Schuld ist, weiß ich erst dann:
manchmal,
wenn ich dastehe
in nie begleichbaren Schulden
und dir, Gott,
und euch, Freunde,
die Liebe glaube.
Sünder bin ich, sagte man mir.
Geliebter sei ich, sagt mir
dein Jesus, Gott. Du.

Gott möge uns nicht in Versuchung führen? Uns nicht zum Bösen anstiften? So kann Jesus nicht gebetet haben. Die von Matthäus und Lukas überlieferte Redewendung bedeutet in den biblischen Sprachen: »Lass uns nicht in Versuchung geraten!« Und die Versuchung ist von grundsätzlicher Art. Sie besteht in der Gefahr, hinter die Glaubenssicht Jesu zurückzufallen: in die Gottesangst, in Leistungsfrömmigkeit und Werkgerechtigkeit ... Hier hat Jesus das Schlimmste, was einem Jünger und seiner Gemeinschaft, der Kirche, widerfahren kann, zum Gebetsthema gemacht. Auch diese Worte sind mehr als eine Bitte, ein *Hilferuf* vielmehr: Abba, du, lass uns nicht zurückfallen in ein Leben ohne dich! Die Matthäus-Christen fügten dem hinzu: »... sondern rette uns aus dem Bösen!« – hilf uns heraus aus einem Leben egozentrierter Religiosität, in das wir längst schon wieder hineingeraten sind!

Und führe uns nicht in Versuchung, sondern erlöse von dem Bösen

Gott, mein Gott, warum hab' ich
dich verlassen,
bist fern meinem Denken, meinen Urteilen
und Entscheidungen,
fern meinem Planen, fern meinen Wegen,
fern meinen menschlichen Umgangsformen,
fern meiner Art, auf Gerechtigkeit zu pochen,
fern unseren Gottesdiensten,
fern in meinen dahergesagten Gebeten,
fern in meinen Freuden und
fern in meinen Leiden,
meinem Schreien, den Worten meiner Klage,
fern meinem Herzen, fern meinem Leben ...
Aber du bist heilig, du thronst über allem,
was ich Lobpreis, was ich Glauben,
was ich Leben nenne.
Dir haben unsre Väter und Mütter vertraut,
die Jünger deines einzigartigen Sohnes,
sie haben vertraut,
und du hast sie gerettet
aus Angst und Not
und Gottesferne
und aus den hausgemachten
Strukturen des Bösen.
Zu dir, dem Abba-Gott Jesu, riefen sie
und wurden befreit, dir vertrauten sie
und wurden nicht zuschanden. (nach Ps 22)

Feierlich klingende Abschlussworte. Sie gehören nicht zur biblischen Überlieferung, wurden aber schon um das Jahr 100 in einigen Gemeinden gebetet. Mit dem Wörtchen »denn« schließen sie sich erläuternd an den vorangehenden Doppelvers an. Der Beter, der sich der Gefahr bewusst ist, von neuem in die alte Knechtschaft seines so verhängnisvollen, angstmachenden Gottesbildes zurückfallen zu können, ja sich dieser Versuchung bereits erlegen sieht, weiß aus Erfahrung: Allein bei diesem bedingungslos liebenden Abba-Gott ist das *Reich* zu finden, in dem man menschenwürdig leben kann; aus der vertrauten Beziehung zu ihm kommt die *Kraft*, um die »Macht des Bösen«, woher immer sie sei, zu überwinden; und durch ihn erst bekommt alles, was zum Leben gehört, *Herrlichkeit*, wird kostbar und schön – und das wird es bleiben bis in die *Ewigkeit* hinein.

... denn dein ist das Reich und die Kraft und die Herrlichkeit in Ewigkeit. Amen.

Ein VATERUNSER
dauert knapp eine halbe Minute.
Dein Gebet, Jesus, dein UNSER ABBA
hat keinen Abschluss, keinen feierlichen
Ausklang, kein beschließendes Amen.
Mit den Worten: »Lass uns nicht
zurückfallen in ein Leben ohne dich!«
lässt du mich enden
– betroffen stehe ich da
vor der Realität meines Lebens ...
Und es bleibt mir nur,
wieder von vorn zu beginnen
mit deinem »Unser Abba, du ...«
Ein kreisendes, immerwährendes Gebet:
bis dein großer Herzenswunsch
für deinen Gott, für mich, für uns,
für den Schöpfer und seine Schöpfung
Erfüllung finden wird.
Dann werden wir uns deine Worte,
nur noch deine ersten Worte
endgültig zurechtgebetet haben:
»Heilig-glücklich sollt ihr sein,
mit uns,
ihr einigen Drei ...!«

Das VATERUNSER ist kein Bittgebet, jedenfalls nicht durchgängig. Selbst die Bitte um das Brot hat einen Akzent, der weit über ein »Bitte, gib uns ...!« hinausgeht. Beten ist für Jesus mehr als Bitten. Alles, was für das Leben mit seinem Abba-Gott und mit den Menschen wesentlich ist, macht er zum Gebet. In seinem Leitgebet hat er die »Themen« zusammengestellt, die nach seinem Verständnis vom Beten dem Beten nicht fehlen sollten. Beten ist für Jesus ein Teil des Lebens, ja der innerste Kern seiner Art, das Leben zu leben. Das UNSER VATER Jesu ist gebetetes Leben, eine Gebets- und Lebens- schule für uns.

Wie hat Jesus die Worte gemeint, die zum Haupt- und Leitgebet der Christen gewor- den sind? Wollte ich sein UNSER VATER so ins Deutsche übertragen, dass der ursprüngliche Sinn der Verse – unserer heutigen Kenntnis nach – herauszuhören ist, würde ich es folgendermaßen wiedergeben:

In der Gebets- und Lebensschule Jesu

Abba, du,
heilig-glücklich sollst du sein!

Mög' doch dein »Königtum«,
in das du uns für immer führen wirst,
jetzt schon Wirklichkeit werden
in unserer Welt.

Gib uns – zum Teilen – heute unser Brot,
nur so viel, wie wir nötig haben,
Brot für den Leib und Brot für die Seele!

Schulden haben wir vor dir, so wie wir auch
voreinander Schuldner sind – unendlich viel
hast du gut bei uns! Und unsere Schuld:
Lass uns vertrauen, dass du uns dennoch liebst,
und hilf uns, einander zu vergeben,
wie du vergibst und aufrichtest.

Und, du: Lass uns nicht zurückfallen
in ein Leben ohne dich, Abba,
du wunderbarer Gott ...

Und scheuen wir uns nicht ...

»Ich habe mich oft schon gefragt: Ist der Gott Jesu ein so zärtlicher Gott, weil Jesus auch mit den Menschen so zärtlich umgeht, oder geht Jesus mit den Menschen so zärtlich um, weil er an einen zärtlichen Gott glaubt? ... Das Abba-Sagen verrät einen Lebensstil. Abba sagen zärtliche Menschen, reife, erwachsene, verantwortungsbewusste Menschen, gleichberechtigte Söhne und Töchter, die auch miteinander verantwortungsbewusst und gleichberechtigt – und zärtlich – umzugehen wissen.

Wenn wir mit den Augen des Vaterunsers die Schöpfung betrachten, bleibt uns nichts anderes übrig, als die Schöpfung in diese Zärtlichkeit mit einzubeziehen. Und umgekehrt: wenn wir zärtlich sind mit der Schöpfung, werden wir auch eine Ahnung bekommen vom zärtlichen Gott. Legen wir doch unsere Ängste ab. Scheuen wir uns nicht, zärtlich zu sein mit den Blumen im Garten und mit den Regenwürmern und mit den Bäumen. Nur echte Zärtlichkeit wird uns auch zu glaubhaften politischen Entscheidungen führen. Scheuen wir uns nicht, zärtlich zu sein miteinander; wir helfen so einander zu echter Reife. Und scheuen wir uns nicht, zärtlich zu sein mit Gott, der unser Vater und unsere Mutter ist.«

Hermann-Josef Venetz

Fotonachweis:
Titelbild/11: Rauch-Color-Dia, Michelstadt
Seite 9: Bernd Kottal, Mosbach
Seite 25: KNA, Bonn

Textnachweis
Seite 6: Teresa von Ávila, in: DAS VATERUNSER MEDITIEREN.
In der Gebetsschule Jesu, Leipzig: Benno, 5. Aufl. 2001, 44 u. 69.
Seite 26: Hermann-Josef Venetz, kath. Professor für Neues Testament, in:
DAS VATERUNSER. Gebet einer bedrängten Schöpfung, Fribourg:
Exodus, 2. Aufl. 1990, 14f.

Vom selben Autor:
Reinhard Körner, DAS VATERUNSER. Spiritualität aus dem Gebet Jesu, 2. Auflage,
Leipzig: Benno 2002, 256 Seiten, 12 x 19 cm, gebunden mit Schutzumschlag,
ISBN 3-7462-1566-8

Eine ausführliche Darstellung des christlichen Hauptgebetes. Die fast zweitausendjährige
Auslegungsgeschichte in der abendländischen Kirche und die gegenwärtige VATERUNSER-
Forschung finden darin gleichermaßen Berücksichtigung. Das Anliegen des Autors besteht vor allem darin, das, was wir heute über das Gebet Jesu wissen, für die Spiritualität
fruchtbar zu machen.

Bibliografische Information Der Deutschen Bibliothek
Die Deutsche Bibliothek verzeichnet diese Publikation in der Deutschen
Nationalbibliografie; detaillierte bibliografische Daten sind im Internet über
http://dnb.ddb.de abrufbar.

2. Auflage 2004

ISBN 3-7462-1591-9
© St. Benno-Verlag GmbH
   Stammerstr. 11, 04159 Leipzig
   www.st-benno.de
Gestaltung: Ulrike Vetter, Leipzig
Gesamtherstellung: Arnold & Domnick, Leipzig